Inhalt

P.P.P. - Public Private Partnership

Kernthesen

Beitrag

Fallbeispiele

Weiterführende Literatur

Impressum

P.P.P. - Public Private Partnership

M.Sydow

Kernthesen

- Das Public Private Partnership (P.P.P.) gewinnt durch eine zunehmend desolate Lage der kommunalen Finanzen sowie die Deregulierungsmaßnahmen europäischer Märkte an Bedeutung. (1)
- Der Abstieg und Aufstieg einer Region hat sowohl auf den öffentlichen als auch auf den privaten Sektor Auswirkungen. (8)
- Gerade bei Projekten mit großen Investitionsbedarf kann durch P.P.P. das Risiko sowohl auf den öffentlichen als auch auf den privaten Bereich gleichermaßen verteilt werden. (3)

Beitrag

Unter Public Private Partnership versteht man die Interaktion zwischen dem öffentlichen und dem privaten Sektor. Damit ist beispielsweise eine Zusammenarbeit in Bereichen wie der Abfallbeseitigung gemeint. Hierbei kann sowohl der öffentliche, als auch der private Sektor aus einer Kooperation Synergiepotentiale schaffen.

Public Private Partnership ist ein neuer Bestandteil der Reformprozesse im öffentlichen Sektor. Im Rahmen des Neuen Steuerungsmodells (NSM), einem Ansatz zur Neugestaltung von Verwaltungsabläufen des öffentlichen Bereichs beispielsweise mit Hilfe von Ideen aus der Betriebswirtschaft, sollen bisher vom öffentlichen Bereich angebotene Projekte in Zusammenarbeit mit privatwirtschaftlichen Unternehmen umgesetzt werden. (12), (13)

P.P.P. versus Contracting Out

Im Unterschied zum Public Private Partnership, wird die gezielte Auftragsvergabe von Projekten an spezialisierte Dienstleister Contracting Out genannt. Hierbei handelt es sich um einzelne Leistungen, die der öffentliche Sektor gar nicht oder nur erschwert herstellen kann. Dagegen besteht das Ziel einer Kooperation im Public Private Partnership vor allem darin, dass Projekte, die sonst vom öffentlichen Sektor bereit gestellt werden, effizienter und effektiver umgesetzt werden. (10), (11), (12), (13)

Ausschreibungen zur Partnerwahl

Die Auswahl der Partner wird von Verwaltungen des öffentlichen Bereichs in der Regel über Ausschreibungen getroffen. Diese beinhalten detaillierte Zielformulierungen zu den spezifischen Projekten, die eine Kooperation zwischen Staat und Privatwirtschaft ins Auge fassen. Die sich bewerbenden Unternehmen müssen unter Erfüllung der jeweiligen Anforderungen ein konkretes Angebot machen. Anschließend wird aus den verschiedenen Angeboten nach bestimmten Kriterien, wie beispielsweise Kostenersparnissen, das Projekt an ein Unternehmen oder bei umfangreicheren Projekten an ein Konsortium vergeben. (1), (7)

Chancen und Risiken des P.P.P.

Im Allgemeinen gibt der öffentliche Bereich

Geschäftsbereiche ab, die der private Bereich kostengünstiger anbieten und so seinerseits Gewinne erzielen kann. Auf diese Weise profitiert der öffentliche Sektor davon, dass Leistungen günstiger bezogen werden und der private Sektor dadurch, dass er interessante Neukunden bekommt. Vor allem im Bereich des Facility Management wird gerne in Form des P.P.P. zusammengearbeitet. (1), (2), (10)

Bei der Wahl der passenden Partner besteht im Vorfeld die Gefahr, dass bei einer Kooperation bereits enorme Transaktionskosten entstehen können. Darunter werden Kosten wie beispielsweise Anwälte oder Wirtschaftsprüfer subsummiert, welche vor allem der öffentlichen Sektor zu tragen hat. (1)

Daneben werden zu den Verhandlungen oftmals Berater hinzugezogen, die die fehlende Kenntnis der öffentlichen Verwaltung in bestimmten Bereichen ausgleichen sollen. Dabei ist jedoch zu bedenken, dass diese nicht unabhängig agieren, weil sie möglicherweise auf Anschlussaufträge von Banken oder involvierten Betreibern spekulieren. (2)

Offene Punkte

-Da das P.P.P eine Kooperationsform ist, die sich über

einen sehr langen Zeitraum erstreckt, stellt sich die Frage, ob Projekte wirklich kostengünstiger und effizienter umgesetzt werden können. Aufgrund fehlender Erfahrungen über längere Zeiträume, wird sich dies erst in Zukunft herausstellen können. (11)

-Weiterhin sollten mögliche Folgekosten berücksichtigt werden, die auf die kommende Generation zukommen könnten und deren Höhe noch nicht absehbar sind. (8)

-Außerdem stellt sich die Frage, ob tatsächlich das Risiko gleichermaßen auf den öffentlichen wie den privaten Bereich verteilt wird. Da die vertragliche Bindung sich teilweise sogar über zwei oder drei Jahrzehnte erstreckt, kann nicht eingeschätzt werden, ob das betreffende Unternehmen bis dahin nicht in Insolvenz geht. In diesem Fall würde der öffentliche Bereich aufgrund der Daseinsvorsorgepflicht gegenüber den Bürgern, die Bereitstellung erneut übernehmen müssen. (1), (8)

Fallbeispiele

Das bekannteste Negativ-Beispiel für ein Public

Private Partnership stellt das deutsche Maut-System von Toll Collect dar. Um die negativen Schlagzeilen zu beenden, ist nun eine Neuregelung umgesetzt worden, welche der Telekom die Führerschaft über das Projekt gibt und damit indirekt dem Bund, der hierbei als Großaktionär eine verstärkte Rolle übernehmen soll. Die finanzielle Aufteilung zwischen Daimler-Chrysler und der Telekom soll hingegen unverändert bleiben. (9), (11)

In Monheim bei Düsseldorf hat ein ehrgeiziges Projekt begonnen. Hier wird über ein P.P.P. eine gesamte Schule saniert und sogar deren Betrieb für die nächsten 25 Jahre übernommen. Dabei werden nicht nur die Bauarbeiten an das private Bauunternehmen Kirchner übergeben, sondern auch die gesamte Finanzierung, die Planung sowie die Bewirtschaftung. (10), (11), (14)

Ab 2005 darf in Deutschland kein unbehandelter Müll mehr auf Deponien gekippt werden. Aus diesem Grund werden zahlreiche neue Abfallbehandlungsanlagen gebaut. Die Investitionskosten hierfür sind enorm, deswegen greift der öffentliche Sektor auf alternative Modelle wie das P.P.P. zurück. So wird in einer Kooperation zwischen Sotec aus Saarbrücken, der Sita Deutschland aus Köln und einer kommunalen Gesellschaft die Energieverwertungsanlage TREA

Breisgau gebaut. Die Verträge hierzu laufen 25 Jahre und garantieren der Region konstante Entsorgungsgebühren. Den Zuschlag erhielten die Betreiber vor allem aufgrund des durchdachten Finanzierungskonzeptes. In Zukunft wird ein erhöhter Bedarf an P.P.P. angenommen, da die TASI-Auflagen (Technische Anleitung für Siedlungsabfall) bis 2005 umgesetzt werden müssen. (3)

Weiterführende Literatur

(1) Warum öffentlich-privatwirtschaftliche Partnerschaften Kommunen helfen können und wo die Tücken lauern Deutschlands Kommunen fehlt Geld. Ob Ampeln, Schulen oder Standortmarketing - viele Städte und Gemeinden versuchen, bisher rein öffentliche Aufgaben an private Unternehmen abzugeben und dennoch die Kontrolle zu behalten. Manchmal wird das teurer als geplant Die Zauberformel der drei P
aus Die Welt, Jg. 59, 06.01.2004, Nr. 4, S. 12

(2) Wirtschaftswissenschaftler Huch: Kommunen sollten sich nicht an einzelne Berater binden - Leistungscontrolling dringend nötig "Das ist für mich eine typische Win-Win-Situation"
aus Die Welt, Jg. 59, 06.01.2004, Nr. 4, S. 12

(3) Keine Last für den Bürger

aus Entsorga Magazin 07-08 vom 22.08.2003 Seite 035

(4) Stolpe baut auf privates Wissen und Kapital
aus GEBÄUDE-MANAGEMENT 10 vom 01.10.2003
Seite 013

(5) Stolpe auf Partnersuche
aus GEBÄUDE-MANAGEMENT 11-12 vom 02.12.2003
Seite 033

(6) Public Sector Value Wenn Behörden den Nutzen im Visier haben
aus Government Computing, Heft 12/2003, S. 7

(7) Die Chancen privater Betreibermodelle werden nicht genutzt
aus Frankfurter Allgemeine Zeitung, 03.03.2004, Nr. 53, S. 15

(8) Die private Brücke als Chance
aus Frankfurter Allgemeine Zeitung, 19.01.2004, Nr. 15, S. 9

(9) Im Führerhaus
aus Frankfurter Allgemeine Zeitung, 28.02.2004, Nr. 50, S. 13

(10) Loibl, Roswitha, Neue Geschäftsfelder für die Immobilienwirtschaft: "Public Private Partnership", Süddeutsche Zeitung, 26.03.2004, S. V2/2
aus Frankfurter Allgemeine Zeitung, 28.02.2004, Nr. 50, S. 13

(11) Heinke, Wilhelm, Public Private Partnerships, Partnerschaft mit Komplikationen, Süddeutsche Zeitung, 31.03.2004, S. 37
aus Frankfurter Allgemeine Zeitung, 28.02.2004, Nr. 50, S. 13

(12) "... und sie bewegt sich doch!" - Öffentliche Verwaltung im kontinuierlichen Veränderungsprozess
aus Wirtschaftspsychologie, Heft 1/2004, S. 48 - 53

(13) Sander, Ludger / Langer, Christian, New Public Management - Der Übergang zur outputorientierten Verwaltung, Wirtschaftswissenschaftliches Studium, Heft 2/2004, S. 88
aus Wirtschaftspsychologie, Heft 1/2004, S. 48 - 53

(14) Neue Wege in der Kommunalfinanzierung: Partnerschaft zwischen öffentlicher Hand und privatem Unternehmertum Public Private Partnership in Monheim erstmals auf den Weg gebracht
aus Die SparkassenZeitung, 23.01.2004, Nr. 04, S. 6

Impressum

P.P.P. - Public Private Partnership

Bibliografische Information der deutschen Nationalbibliothek

Die Deutsche Nationalbibliothek verzeichnet diese Publikation in der deutschen Nationalbibliografie; detaillierte bibliografische Daten sind im Internet über http://dnb.d-nb.de abrufbar.

ISBN: 978-3-7379-0160-4

© 2015 GBI-Genios Deutsche Wirtschaftsdatenbank GmbH, Freischützstraße 96, 81927 München, www.genios.de

Alle Rechte vorbehalten. Dieses Werk ist einschließlich aller seiner Teile – z.B. Texte, Tabellen und Grafiken - urheberrechtlich geschützt. Jede Verwertung außerhalb der Grenzen des Urheberrechtsgesetzes bedarf der vorherigen Zustimmung des Verlags. Dies gilt insbesondere auch für auszugsweise Nachdrucke, fotomechanische Vervielfältigungen (Fotokopie/Mikroskopie), Übersetzungen, Auswertungen durch Datenbanken oder ähnliche Einrichtungen und die Einspeicherung und Verarbeitung in elektronischen Systemen.